Ça y est ! je réussis

les macarons

saep

Recettes : Capucine BRÉMOND.
Photographies et stylisme : Jean-Luc SYREN et Valérie WALTER
sauf couverture : Claudia ALBISSER HUND.
Préparation des plats : Frédéric GÉRARD.
Graphisme : Élisabeth CHARDIN.
Coordination : Éric ZIPPER.
Impression : Union Européenne.

CONCEPTION : EURO SAEP

Introduction

Le macaron est gourmand et délicat. Il sublime ainsi en nous le gourmet. Il s'offre en bouche, pleinement savoureux, à qui sait l'attraper du bout des doigts.

La réalisation des macarons n'est pas difficile mais demande de la précision, de la patience, de l'attention. Leur préparation est un art abordable, une série d'astuces pour initiés, une technique qu'on acquiert aisément si on en prend la peine.

Un macaron se déguste avec beaucoup d'application. On ne croque pas cette bouchée gourmande sans admirer son effet bombé et sa teinte, sans tenter de saisir son parfum.

Il se prépare aussi avec attention. Ne serait-ce pas également pour cela qu'on l'aime toujours, quoi qu'en disent certains ?

Il sollicite un geste précieux. Retourner aux fourneaux, nous en prenons le temps, oui, surtout si c'est pour (nous) offrir des macarons.

Sommaire

Un macaron coloré

Les colorants alimentaires existent sous forme liquide, en pâte ou en poudre. Les teintes obtenues seront plus ou moins soutenues selon le type de colorant choisi. Ils pourront cependant tous être utilisés.

Les colorants de teinte bleue, jaune et rouge se trouvent facilement en grandes surfaces au rayon des aides culinaires pour la pâtisserie. Une fois mélangées entre elles, ces couleurs de base suffiront pour ajouter à votre palette des teintes vertes, orange et violettes.

Vous trouverez une gamme plus étendue de teintes de colorants alimentaires dans certaines épiceries fines ainsi que dans les épiceries orientales ou en vente sur Internet.

Pour un ton pistaché, mélangez du colorant jaune avec une pointe de colorant bleu. Pour un ton plutôt mentholé, ajoutez à l'inverse une petite quantité de colorant jaune dans du colorant bleu.

Pour un macaron couleur de violette, mélangez à quantité égale le colorant bleu et le colorant rouge alors que, pour un macaron couleur aubergine, ajoutez une pointe de bleu dans du colorant rouge et du colorant noir.

Quoi qu'il en soit, dosez le bleu avec parcimonie et testez par vous-même les effets colorés qui sortiront de votre four et de votre inspiration.

La cuisson intervenant dans la coloration, vous n'obtiendrez peut-être pas précisément la couleur souhaitée au premier essai. Votre macaron pourra être plus clair que vous ne l'auriez souhaité ou d'un rouge tirant trop sur l'orangé.

Un temps de cuisson de 1 ou de 2 minutes supplémentaires vous aidera à faire brunir légèrement vos teintes mais seul le colorant noir vous permettra d'obtenir des tons très soutenus pour un effet bleu nuit, chocolat ou réglisse.

ET AVEC DES MOTIFS ?

Vous pouvez aussi décliner sur les coques des motifs qui viendront compléter vos teintes de base.

Juste avant de passer les coques au four, vous pouvez, à l'aide d'un petit pinceau que vous époussetez délicatement au-dessus de vos coques, saupoudrer une petite touche de cacao ou de colorant en poudre de la teinte de votre choix.

Vous pouvez zébrer l'ensemble de la plaque où sont posées les coques avec un colorant liquide en tube.

Vous pouvez aussi « tacher » vos macarons en secouant un pinceau humecté de colorant liquide au-dessus de vos coques.

Vous pouvez déposer au centre de la moitié de vos coques une feuille d'or, une pointe de colorant liquide ou de chocolat, des miettes de pistache ou un copeau de parmesan...

Le macaron aux amandes
À lire absolument

La recette du macaron aux amandes est la recette de base utilisée pour l'ensemble des recettes de macarons de cet ouvrage.

Sont décrites dans le déroulement des étapes de cette première recette phare les astuces qui jalonnent la préparation du macaron. Ces astuces devront être maîtrisées afin de pouvoir réaliser de jolis macarons de tous parfums.

POUR 35 PETITS MACARONS AUX AMANDES (30 MM)

Temps de préparation : 20 minutes
Temps de cuisson : 13 minutes
Temps de repos : 3 heures
3 blancs d'œufs / 130 g de poudre d'amande / 150 g de sucre glace / 30 g de sucre en poudre.

La réussite des macarons dépend du respect de règles simples mais précises. Si certaines astuces diffèrent d'une recette à l'autre, des règles de base doivent être respectées pour obtenir des sphères rondes, lisses, gonflées, craquantes en surface et moelleuses à l'intérieur.

Dix clefs de la réussite

1. RÉSERVER LES BLANCS D'ŒUFS

La veille, réserver les blancs d'œufs au réfrigérateur dans un récipient recouvert d'un film alimentaire.
Le jour même, sortir les blancs d'œufs du réfrigérateur 1 heure au minimum avant la préparation.

2. MIXER TRÈS FINEMENT LES POUDRES

Mixer la poudre d'amande avec le sucre glace.

Tamiser la poudre obtenue à l'aide d'une passoire fine au-dessus d'une feuille de papier sulfurisé.

3. DES BLANCS EN NEIGE TRÈS FERME

Fouetter les blancs en neige puis, lorsqu'ils commencent à prendre consistance, incorporer progressivement le sucre en poudre tout en continuant à fouetter. Monter les blancs en neige jusqu'à formation de « becs d'oiseau » en ôtant le fouet.

Ajouter si nécessaire le colorant et fouetter jusqu'à obtention d'une couleur homogène.

4. MACARONER

Macaroner = travailler la pâte jusqu'à obtention d'une texture lisse et brillante. Ajouter progressivement les poudres aux blancs d'œufs en neige et les lier délicatement avec une spatule jusqu'à obtention d'un ruban lisse et brillant.

5. FORMER DES COQUES DE TAILLE SIMILAIRE SUR LA PLAQUE

Déposer une feuille de papier sulfurisé sur une plaque. Tenir la poche à douille avec une main pour maintenir fermement la pointe et avec l'autre main au niveau du nœud qui ferme le haut de la poche. Pencher la poche à douille dans un coin de la plaque. Déposer la pointe de la douille sur la plaque en la maintenant légèrement inclinée. Presser le haut de la poche jusqu'à former un dôme de 3 cm. Renouveler l'opération en espaçant les dômes d'au moins 2 cm. Faire en sorte que les coques soient d'une taille approximativement semblable entre elles et d'une taille légèrement inférieure à celle souhaitée au final.

6. LE CROÛTAGE

Laisser reposer 3 heures au minimum. Il est possible de laisser reposer les coques une nuit entière.

7. DES PLAQUES SUPERPOSÉES

Enfourner la plaque de coques pour 13 minutes à 150 °C (th. 5) au-dessus de deux autres plaques vides. Éviter d'ouvrir le four en cours de cuisson.

8. DÉCOLLER LES COQUES

Décoller les coques alors qu'elles sont tiédies. Laisser refroidir les coques quelques minutes à la sortie du four puis les décoller de la plaque. Si elles ne se décollent pas facilement, les enfourner pour 2 à 3 minutes supplémentaires.

Coller les coques deux à deux avec la garniture choisie.

Réserver au réfrigérateur.

9. ÉVITER D'UTILISER DES USTENSILES HUMIDES.

Conserver des préparations bien sèches.

10. UN PEU DE CHANCE ET DE PERSÉVÉRANCE

Une dernière règle doit bien être énoncée ici. Vous ne réussirez peut-être pas vos macarons tels que vous les imaginiez dès le premier essai.

La précision étant ici de rigueur, c'est en constatant les défauts survenus durant la préparation ou la cuisson que vous saurez comment réussir vos macarons de manière infaillible :

- Vous pourrez difficilement contrôler la puissance de votre four dès le premier essai. Chaque four diffusant la chaleur variablement, vous n'aurez pas d'autre choix que de prolonger la cuisson de 2 minutes si vos macarons sont un peu mous et se décollent difficilement de la plaque ou renouveler l'expérience un autre jour en diminuant légèrement le temps de cuisson s'ils sont trop secs.

- Ils sont cloqués : vous n'avez pas suffisamment mixé vos poudres ou la température du four n'était pas assez haute.
- Leur texture irrégulière évoque un gâteau sec plutôt qu'une coque de macaron : vous n'avez pas suffisamment lié le blanc d'œuf avec les poudres.
- Ils ne sont pas assez bombés : le temps de croûtage était trop court.

- Les macarons se sont cassés au moment de les décoller de la plaque : vous les avez laissés trop refroidir avant de les décoller.

- Ils ont bruni : la température du four était trop haute.
- Ils ont craquelé durant la cuisson : essayez de maintenir la porte du four entrouverte avec une cuillère en bois durant la cuisson.

Les coques peuvent se congeler et se laisser décongeler à température ambiante.

Macaron au café

Réalisation

Difficile et Raisonnable

- Préparation : 25 minutes
- Cuisson : 18 minutes
- Repos : 3 heures

Ingrédients

• 3 blancs d'œufs • 130 g de poudre d'amande • 150 g de sucre glace • 1 cuil. à soupe d'extrait de café • 30 g de sucre en poudre • 15 gouttes de colorant • 160 g de crème fraîche liquide • 10 g de café moulu • 160 g de chocolat blanc.

Matériel

• 1 mixeur • 1 passoire fine • 1 fouet • 1 spatule • Papier sulfurisé • 3 plaques de cuisson • 1 casserole • 2 culs-de-poule • 1 cuillère en bois • 1 poche munie de douilles.

Étapes clés

1. Préparer les macarons
2. Colorer et dresser
3. Cuire les macarons
4. Préparer la ganache
5. Filtrer la crème
6. Déposer la ganache
7. Décorer de chocolat

PRÉPARER les macarons

La veille, réserver les blancs d'œufs au réfrigérateur.

Le jour même, sortir les blancs d'œufs du réfrigérateur 1 heure au minimum avant la préparation.

Mixer la poudre d'amande avec le sucre glace. Tamiser la poudre obtenue à l'aide d'une passoire fine.

Fouetter les blancs en neige puis, lorsqu'ils commencent à prendre consistance, incorporer progressivement l'extrait de café puis le sucre en poudre tout en continuant à fouetter. Monter les blancs en neige jusqu'à formation de « becs d'oiseau ».

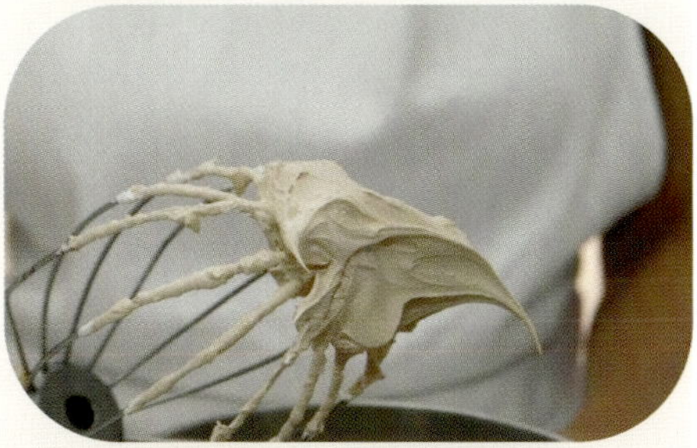

COLORER et DRESSER

Ajouter ensuite le colorant et fouetter jusqu'à obtention d'une couleur homogène.

Ajouter la poudre aux blancs d'œufs montés en neige et les lier délicatement avec une spatule jusqu'à obtention d'un ruban lisse et brillant.

Déposer une feuille de papier sulfurisé sur une plaque. Former des dômes d'une taille d'environ 3 cm en les espaçant d'au moins 2 cm.

Laisser reposer les dômes formés 3 heures au minimum.

CUIRE les macarons

Enfourner la plaque de coques pour 13 minutes à 150 °C (th. 5) au-dessus de deux autres plaques vides.

Laisser refroidir les coques quelques minutes à la sortie du four puis les décoller de la plaque.

PRÉPARER la ganache

Porter à frémir dans une petite casserole la crème fraîche liquide avec le café moulu. Ôter du feu et réserver 5 minutes.

FILTRER la crème

Filtrer ensuite la crème tiédie au-dessus d'une passoire fine, puis la remettre à chauffer doucement en incorporant le chocolat blanc. Finir de faire fondre le mélange hors du feu. Laisser refroidir.

DÉPOSER la ganache

Déposer une noix de ganache au café sur la moitié des coques puis refermer les macarons avec les autres coques en pressant délicatement jusqu'à ce que la ganache se répartisse sur l'ensemble des coques.

DÉCORER de chocolat

À l'aide d'un cornet rempli de chocolat fondu, décorer les macarons.

Macaron
au café

Macaron à la framboise

Réalisation

Facile et Raisonnable
- Préparation : 20 minutes
- Cuisson : 23 minutes
- Repos : 3 heures

Ingrédients

- 3 blancs d'œufs
- 30 g de poudre d'amande
- 60 g de sucre en poudre
- 8 gouttes de colorant fuchsia ou rouge
- 100 g de framboises
- 100 g de sucre cristallisé.

Matériel

• 1 mixeur • 1 passoire fine • 1 fouet • 1 spatule • Papier sulfurisé • 3 plaques de cuisson • 1 casserole • 2 culs-de-poule • 1 cuillère en bois • 1 poche munie de douilles • 1 bol • 1 petite cuillère.

Étapes clés

1. Préparer les macarons
2. Colorer, dresser, cuire
3. Laisser refroidir
4. Trier les framboises
5. Cuire les framboises
6. Refroidir les framboises
7. Garnir les macarons

Conseils pratiques

- La réalisation de ces macarons peut aussi se faire avec de la confiture achetée toute faite. Hors saison, des framboises surgelées feront l'affaire.
- Cette recette peut être l'occasion de faire cuire plus de framboises et de réaliser ainsi quelques pots de confiture.

PRÉPARER les macarons

La veille, réserver les blancs d'œufs au réfrigérateur.
Le jour même, sortir les blancs d'œufs du réfrigérateur 1 heure au minimum avant la préparation.
Mixer la poudre d'amande avec 30 g de sucre. Tamiser la poudre obtenue à l'aide d'une passoire fine.
Fouetter les blancs en neige puis, lorsqu'ils commencent à prendre consistance, incorporer progressivement le reste de sucre tout en continuant à fouetter. Monter les blancs en neige jusqu'à formation de « becs d'oiseau ».

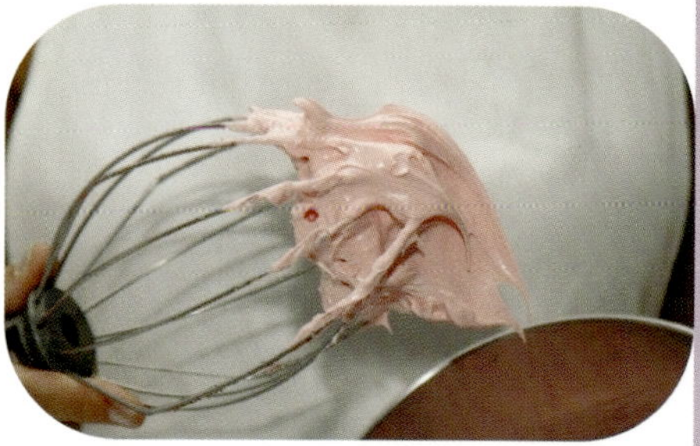

COLORER, DRESSER, CUIRE

Ajouter le colorant et fouetter jusqu'à obtention d'une couleur homogène. Ajouter la poudre, lier délicatement avec une spatule jusqu'à obtention d'un ruban lisse et brillant. Déposer une feuille de papier sulfurisé sur une plaque. Former des dômes d'une taille d'environ 3 cm en les espaçant d'au moins 2 cm. Laisser reposer les dômes formés 3 heures au minimum. Enfourner la plaque de coques pour 13 minutes à 150 °C (th. 5) au-dessus de deux autres plaques vides.

LAISSER REFROIDIR

Laisser refroidir les coques quelques minutes à la sortie du four puis les décoller de la plaque.

TRIER les framboises

Ôter toute impureté qui pourrait cuire avec.

CUIRE les framboises

Rassembler les framboises et le sucre dans une casserole propre. Porter à ébullition sur feu doux. Laisser cuire une dizaine de minutes.

REFROIDIR les framboises

Transvaser la confiture. Placer le récipient dans de l'eau froide pour hâter le refroidissement.

GARNIR les macarons

Déposer 1 cuillerée de confiture de framboises sur la moitié des coques puis refermer les macarons avec les autres coques en pressant délicatement jusqu'à ce que la confiture se répartisse sur l'ensemble des coques.

Variante

La confiture de framboises peut être remplacée par une gelée de framboise. Pour une touche fraîche et élégante, mais fragile, ajouter des framboises fraîches sur la couche de confiture avant de refermer les coques.

Macaron
à la gelée de groseille

Réalisation

Facile et Raisonnable
- Préparation : 20 minutes
- Cuisson : 13 minutes
- Repos : 3 heures

Ingrédients

- 3 blancs d'œufs
- 130 g de poudre d'amande
- 150 g de sucre glace
- 30 g de sucre en poudre
- 15 gouttes de colorant rouge
- 80 g de gelée de groseille
- 1 petite barquette de groseilles.

Matériel

• 1 mixeur • 1 passoire fine • 1 fouet • 1 spatule • Papier sulfurisé • 3 plaques de cuisson • 1 casserole • 2 culs-de-poule • 1 cuillère en bois • 1 poche munie de douilles.

Étapes clés

1. Préparer les macarons
2. Dresser harmonieusement
3. Procéder à la cuisson
4. Garnir et décorer

Conseils pratiques

• Les grains de groseilles fraîches apporteront acidité et croquant. Si l'on désire garder ses macarons quelques jours, on se dispensera de cet ajout. On pourra alors en décorer les coques déjà réalisées en les collant à l'aide d'un peu de gelée chaude.

PRÉPARER les macarons

La veille, réserver les blancs d'œufs au réfrigérateur.
Le jour même, sortir les blancs d'œufs du réfrigérateur 1 heure avant. Mixer la poudre d'amande avec le sucre glace. Tamiser la poudre obtenue. Fouetter les blancs en neige puis, lorsqu'ils commencent à prendre consistance, incorporer progressivement le sucre en poudre tout en continuant à fouetter. Monter les blancs en neige jusqu'à formation de « becs d'oiseau ». Ajouter ensuite le colorant et fouetter jusqu'à obtention d'une couleur homogène. Ajouter la poudre aux blancs d'œufs montés en neige et les lier délicatement avec une spatule jusqu'à obtention d'un ruban lisse et brillant.

DRESSER harmonieusement

Déposer une feuille de papier sulfurisé sur une plaque. Former des dômes d'une taille d'environ 3 cm en les espaçant d'au moins 2 cm. Laisser reposer les dômes formés 3 heures au minimum.

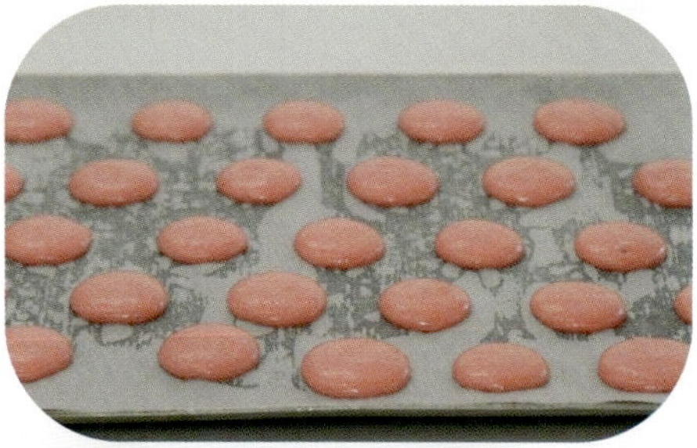

PROCÉDER à la cuisson

Enfourner la plaque de coques pour 13 minutes à 150 °C (th. 5) au-dessus de deux autres plaques vides.

Laisser refroidir les coques quelques minutes à la sortie du four puis les décoller de la plaque.

GARNIR et DÉCORER

Déposer 1 petite cuillerée de gelée sur la moitié des coques, ajouter 2 groseilles puis refermer avec les autres coques.

Macaron
à la gelée de groseille

Macaron à la pistache

Réalisation

Facile et Raisonnable
- Préparation : 20 minutes
- Cuisson : 13 minutes
- Repos : 3 heures

Ingrédients

- 3 blancs d'œufs
- 180 g de pistaches vertes émondées
- 130 g de poudre d'amande
- 240 g de sucre glace
- 30 g de sucre en poudre
- 10 gouttes de colorant vert
- 5 gouttes de colorant jaune
- 60 g de beurre ramolli.

Matériel

- 1 mixeur
- 1 passoire fine
- 1 fouet
- 1 spatule
- Papier sulfurisé
- 3 plaques de cuisson
- 1 casserole
- 2 culs-de-poule
- 1 cuillère en bois
- 1 poche munie de douilles.

Étapes clés

1. Préparer les macarons
2. Mixer les pistaches
3. Déposer une noix de beurre
4. Décorer chaque macaron

Macaron
à la pistache

PRÉPARER les macarons

La veille, réserver les blancs d'œufs au réfrigérateur.
Le jour même, sortir les blancs d'œufs du réfrigérateur 1 heure au minimum avant la préparation.
Mixer 60 g de pistaches avec la poudre d'amande et 150 g de sucre glace. Tamiser la poudre obtenue à l'aide d'une passoire fine. Fouetter les blancs en neige puis, lorsqu'ils commencent à prendre consistance, incorporer progressivement le sucre en poudre tout en continuant à fouetter. Monter les blancs en neige jusqu'à formation de « becs d'oiseau ». Ajouter ensuite les colorants et fouetter jusqu'à obtention d'une couleur homogène. Ajouter la poudre aux blancs d'œufs montés en neige et les lier délicatement avec une spatule jusqu'à obtention d'un ruban lisse et brillant. Les dresser et les cuire comme indiqué p. 11. Laisser refroidir les coques quelques minutes à la sortie du four puis les décoller de la plaque.

MIXER les pistaches

Mixer les pistaches restantes avec le sucre glace restant. Ajouter le beurre coupé en dés, mixer à nouveau.

DÉPOSER une noix de beurre

Déposer une noix de beurre à la pistache sur la moitié des coques puis refermer les macarons.

DÉCORER chaque macaron

Coller, à l'aide d'une pointe de beurre de pistache, une demi-pistache sur chaque macaron.

Macaron
à la vanille

Réalisation

Difficile et Raisonnable
- Préparation : 20 minutes
- Cuisson : 18 minutes
- Repos : 3 heures

Ingrédients

- 3 blancs d'œufs
- 130 g de poudre d'amande
- 150 g de sucre glace
- 2 cuil. à café de vanille en poudre
- 30 g de sucre en poudre
- 75 g de crème fraîche liquide
- 150 g de chocolat blanc
- 25 g de miel liquide.

Matériel

- 1 mixeur
- 1 passoire fine
- 1 fouet
- 1 spatule
- Papier sulfurisé
- 3 plaques de cuisson
- 1 casserole
- 2 culs-de-poule
- 1 cuillère en bois
- 1 poche munie de douilles.

Étapes clés

1. Préparer les macarons
2. Préparer la ganache
3. Garnir les macarons

PRÉPARER les macarons

La veille, réserver les blancs d'œufs au réfrigérateur.
Le jour même, sortir les blancs d'œufs du réfrigérateur 1 heure au minimum avant la préparation.
Mixer la poudre d'amande avec le sucre glace et 1 cuillerée à café de vanille. Tamiser la poudre obtenue à l'aide d'une passoire fine. Fouetter les blancs en neige puis, lorsqu'ils commencent à prendre consistance, incorporer progressivement le sucre en poudre tout en continuant à fouetter. Monter les blancs en neige jusqu'à formation de « becs d'oiseau ».
Ajouter la poudre aux blancs d'œufs montés en neige et les lier avec une spatule jusqu'à obtention d'un ruban lisse.
Déposer une feuille de papier sulfurisé sur une plaque. Former des dômes d'une taille d'environ 3 cm en les espaçant d'au moins 2 cm. Laisser reposer 3 heures au minimum. Enfourner la plaque pour 13 minutes à 150 °C (th. 5) au-dessus de deux autres plaques vides. Laisser refroidir les coques quelques minutes à la sortie du four puis les décoller de la plaque.

PRÉPARER la ganache

Porter la crème fraîche liquide avec le reste de vanille en poudre à frémir dans une petite casserole, y incorporer le chocolat blanc et le miel, faire fondre le mélange hors du feu. Laisser refroidir.

GARNIR les macarons

Déposer une noix de ganache sur la moitié des coques puis refermer les macarons avec les autres coques en pressant délicatement jusqu'à ce que la ganache se répartisse sur l'ensemble des coques.

Macaron abricots amandes

Réalisation

Difficile et Raisonnable
- Préparation : 25 minutes
- Cuisson : 16 minutes
- Repos : 3 heures

Ingrédients

• 3 blancs d'œufs • 130 g de poudre d'amande • 150 g de sucre glace • 30 g de sucre en poudre • 3 gouttes de colorant rouge • 5 gouttes de colorant jaune • 1 poignée d'amandes effilées • 50 g de gelée d'abricot • 100 g de coulis d'abricots • 2 abricots secs.

Matériel

• 1 mixeur • 1 passoire fine • 1 fouet • 1 spatule • Papier sulfurisé • 3 plaques de cuisson • 1 casserole • 2 culs-de-poule • 1 cuillère en bois • 1 poche munie de douilles • 1 petit couteau.

Étapes clés

1. Préparer les macarons
2. Utiliser les amandes
3. Chauffer la gelée
4. Déposer la gelée

Macaron
abricots amandes

PRÉPARER les macarons

La veille, réserver les blancs d'œufs au réfrigérateur.
Le jour même, sortir les blancs d'œufs du réfrigérateur 1 heure au minimum avant la préparation.
Mixer la poudre d'amande avec le sucre glace. Tamiser la poudre obtenue à l'aide d'une passoire fine. Fouetter les blancs en neige puis, lorsqu'ils commencent à prendre consistance, incorporer progressivement le sucre en poudre tout en continuant à fouetter. Monter les blancs en neige jusqu'à formation de « becs d'oiseau ». Ajouter ensuite les colorants et fouetter jusqu'à obtention d'une couleur homogène. Ajouter la poudre aux blancs d'œufs montés en neige et les lier délicatement avec une spatule jusqu'à obtention d'un ruban lisse et brillant.

UTILISER les amandes

Écraser les amandes effilées. En saupoudrer les coques. Enfourner 13 minutes à 150 °C (th. 5) au-dessus de deux autres plaques vides. Laisser refroidir puis décoller les macarons.

CHAUFFER la gelée

Porter à ébullition dans une petite casserole la gelée d'abricot et le coulis d'abricots. Remuer sans cesse durant 3 minutes puis ôter du feu et laisser refroidir.

DÉPOSER la gelée

Déposer une noix de gelée d'abricot sur la moitié des coques, ajouter 3 petits dés d'abricot puis refermer les macarons.

Macaron black & white

Réalisation

Difficile et Raisonnable
- Préparation : 20 minutes
- Cuisson : 20 minutes
- Repos : 3 heures

Ingrédients

• 3 blancs d'œufs • 130 g de poudre d'amande • 150 g de sucre glace • 15 g de cacao amer en poudre • 30 g de sucre en poudre • 10 gouttes de colorant brun • 150 g de crème fraîche liquide • 90 g de chocolat blanc • 80 g de chocolat noir pâtissier.

Matériel

• 1 mixeur • 1 passoire fine • 1 fouet • 1 spatule • Papier sulfurisé • 3 plaques de cuisson • 2 casseroles • 2 culs-de-poule • 1 cuillère en bois • 1 poche munie de douilles • 2 saladiers.

Étapes clés

1. Préparer la masse
2. Répartir les blancs
3. Déposer le papier
4. Préparer la ganache blanche
5. Préparer la ganache noire
6. Garnir avec les ganaches
7. Presser les coques

PRÉPARER la masse

La veille, réserver les blancs d'œufs au réfrigérateur. Le jour même, sortir les blancs d'œufs du réfrigérateur 1 heure au minimum avant la préparation. Mixer 65 g de poudre d'amande avec 75 g de sucre glace et le cacao. Tamiser la poudre obtenue à l'aide d'une passoire fine. Mixer le reste de poudre d'amande avec le reste de sucre glace. Tamiser la poudre obtenue dans un récipient à part au-dessus d'une passoire fine. Fouetter les blancs en neige puis, lorsqu'ils commencent à prendre consistance, incorporer progressivement le sucre en poudre tout en continuant à fouetter. Monter les blancs en neige jusqu'à formation de « becs d'oiseau ».

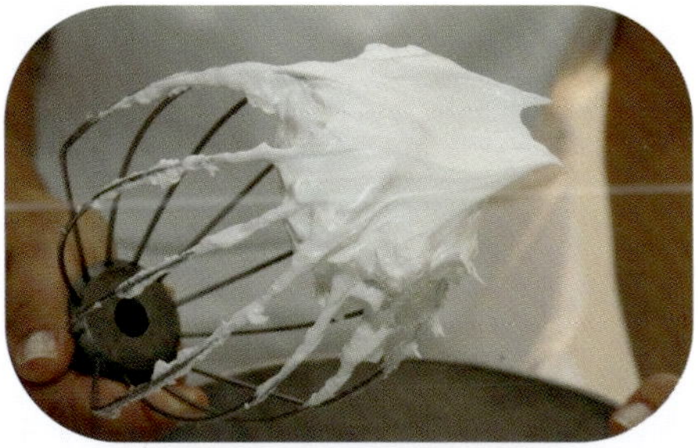

RÉPARTIR les blancs

Répartir les blancs montés en neige dans deux saladiers distincts. Verser le colorant dans un des deux saladiers et fouetter jusqu'à obtention d'une couleur homogène. Incorporer la poudre cacaotée, les lier avec une spatule. Ajouter le reste de poudre aux blancs d'œufs restants dans l'autre saladier et les lier avec une spatule.

DÉPOSER le papier

Déposer une feuille de papier sulfurisé sur une plaque. Former des dômes d'une taille d'environ 3 cm en les espaçant d'au moins 2 cm. Laisser reposer les dômes formés 3 heures au minimum. Enfourner la plaque de coques pour 16 minutes à 130 °C (th. 4-5). Laisser refroidir les coques quelques minutes à la sortie du four puis les décoller de la plaque.

PRÉPARER la ganache blanche

Porter à frémir dans une petite casserole 75 g de crème fraîche liquide, y incorporer le chocolat blanc haché. Faire fondre le mélange hors du feu.

PRÉPARER la ganache noire

Renouveler l'opération en portant à frémir le reste de crème fraîche liquide dans une autre petite casserole et en y incorporant le chocolat noir hors du feu. Bien mélanger. Laisser refroidir les deux ganaches au chocolat.

GARNIR avec les ganaches

Déposer une noix de ganache noire sur un quart des coques et une noix de ganache blanche sur un autre quart des coques. Refermer les macarons avec les coques brunes ou blanches selon les effets choisis.

PRESSER les coques

Presser délicatement jusqu'à ce que la ganache se répartisse sur l'ensemble des coques.

Macaron
black & white

Macaron fraise glacée

Réalisation

Difficile et Raisonnable
- Préparation : 20 minutes
- Cuisson : 13 minutes
- Repos : 3 heures

Ingrédients

- 3 blancs d'œufs
- 130 g de poudre d'amande
- 150 g de sucre glace
- 30 g de sucre en poudre
- 8 gouttes de colorant rouge
- 1 l de glace à la fraise
- Chocolat noir.

Matériel

• 1 mixeur • 1 passoire fine • 1 fouet • 1 spatule • Papier sulfurisé • 3 plaques de cuisson • 1 casserole • 2 culs-de-poule • 1 cuillère en bois • 1 poche munie de douilles • 1 couteau ou 1 emporte-pièce • 1 pinceau • 2 cuillères à moka.

Étapes clés

1. Préparer les macarons
2. Former des quenelles de glace
3. Décorer les macarons

Variante

• Les copeaux de chocolat sont taillés avec un couteau ou un emporte-pièce dans les carrés de chocolat. Ils peuvent être remplacés par des paillettes de chocolat, un nuage de cacao en poudre jeté au pinceau ou une touche de chocolat noir fondu.

PRÉPARER les macarons

La veille, réserver les blancs d'œufs au réfrigérateur.
Le jour même, sortir les blancs d'œufs du réfrigérateur 1 heure au minimum avant la préparation.
Mixer la poudre d'amande avec le sucre glace. Tamiser la poudre obtenue à l'aide d'une passoire fine. Fouetter les blancs en neige puis, lorsqu'ils commencent à prendre consistance, incorporer progressivement le sucre en poudre tout en continuant à fouetter. Monter les blancs en neige jusqu'à formation de « becs d'oiseau ». Ajouter ensuite le colorant rouge et fouetter jusqu'à obtention d'une couleur homogène. Ajouter la poudre aux blancs d'œufs montés en neige et les lier délicatement avec une spatule jusqu'à obtention d'un ruban lisse et brillant. Déposer une feuille de papier sulfurisé sur une plaque. Former des dômes d'une taille d'environ 3 cm en les espaçant d'au moins 2 cm. Laisser reposer les dômes formés 3 heures au minimum. Enfourner la plaque de coques pour 13 minutes à 150 °C (th. 5) au-dessus de deux autres plaques vides. Laisser refroidir les coques quelques minutes à la sortie du four puis les décoller de la plaque.

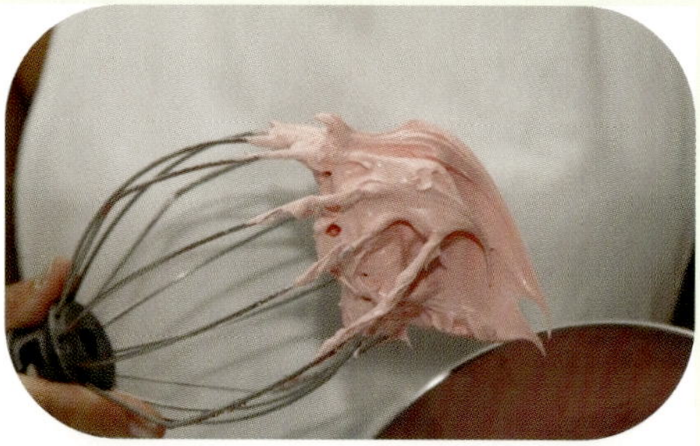

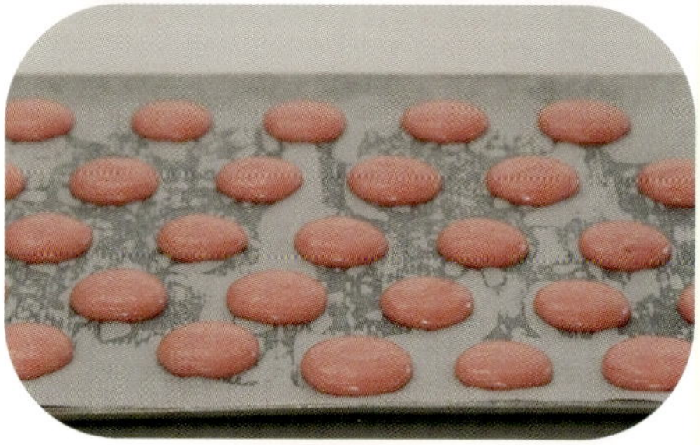

FORMER des quenelles de glace

Former de petites quenelles de glace à la fraise à l'aide de deux cuillères à moka. Les réserver au congélateur. Au dernier moment, les déposer sur la moitié des coques puis refermer les macarons.

DÉCORER les macarons

Déposer quelques copeaux de chocolat sur le dessus des macarons et servir aussitôt.

Macaron verveine miel

Réalisation

Difficile et Raisonnable
- Préparation : 20 minutes
- Cuisson : 18 minutes
- Repos : 3 heures 20 minutes

Ingrédients

• 3 blancs d'œufs • 130 g de poudre d'amande • 150 g de sucre glace • 1 cuil. à café de vanille en poudre • 30 g de sucre en poudre • 4 gouttes de colorant vert • 10 cl de crème fraîche liquide • 1/2 citron • 1 poignée de feuilles de verveine • 150 g de chocolat blanc • 25 g de miel liquide.

Matériel

• 1 mixeur • 1 passoire fine • 1 fouet • 1 spatule • Papier sulfurisé • 3 plaques de cuisson • 1 casserole • 2 culs-de-poule • 1 cuillère en bois • 1 poche munie de douilles.

Étapes clés

1. Préparer les macarons
2. Infuser la verveine
3. Terminer la ganache
4. Déposer la ganache

Macaron
verveine miel

PRÉPARER les macarons

Les préparer comme indiqué p. 9 en incorporant la vanille et le colorant.
Enfourner la plaque de coques pour 13 minutes à 150 °C (th. 5) au-dessus de deux autres plaques vides. Laisser refroidir les coques quelques minutes à la sortie du four puis les décoller de la plaque.

INFUSER la verveine

Rassembler la crème fraîche frémissante, le jus du citron, la verveine. Laisser infuser 20 minutes.

TERMINER la ganache

Filtrer et chauffer la crème infusée et y incorporer le chocolat et le miel. Faire fondre hors du feu. Laisser refroidir.

DÉPOSER la ganache

Déposer une noix de ganache à la verveine et au miel sur la moitié des coques puis refermer les macarons avec les autres coques en pressant délicatement jusqu'à ce que la ganache se répartisse sur l'ensemble des coques.

Macaron confiture d'oignons grenadine

Réalisation

Difficile et Raisonnable

- Préparation : 25 minutes
- Cuisson : 33 minutes
- Repos : 3 heures

Ingrédients

• 3 blancs d'œufs • 130 g de poudre d'amande • 150 g de sucre glace • 30 g de sucre en poudre • 3 gouttes de colorant rouge • 400 g d'oignons • 1 filet d'huile d'olive • 1 cuil. à soupe de cognac • 3 cuil. à soupe de sirop de grenadine • Une poignée de raisins secs • Sel, poivre.

Matériel

• 1 mixeur • 1 passoire fine • 1 fouet • 1 spatule • Papier sulfurisé • 3 plaques de cuisson • 1 casserole • 2 culs-de-poule • 1 cuillère en bois • 1 poche munie de douilles • 1 petit couteau.

Étapes clés

1. Préparer les macarons
2. Ajouter le colorant
3. Éplucher et hacher les oignons
4. Remuer
5. Ajouter la garniture
6. Cuire les macarons
7. Déposer une noix de confiture
8. Décorer les macarons

PRÉPARER les macarons

La veille, réserver les blancs d'œufs au réfrigérateur.
Le jour même, sortir les blancs d'œufs du réfrigérateur 1 heure au minimum avant la préparation.
Mixer la poudre d'amande avec le sucre glace. Tamiser la poudre obtenue à l'aide d'une passoire fine.
Fouetter les blancs en neige puis, lorsqu'ils commencent à prendre consistance, incorporer progressivement le sucre en poudre tout en continuant à fouetter. Monter les blancs en neige jusqu'à formation de « becs d'oiseau ».

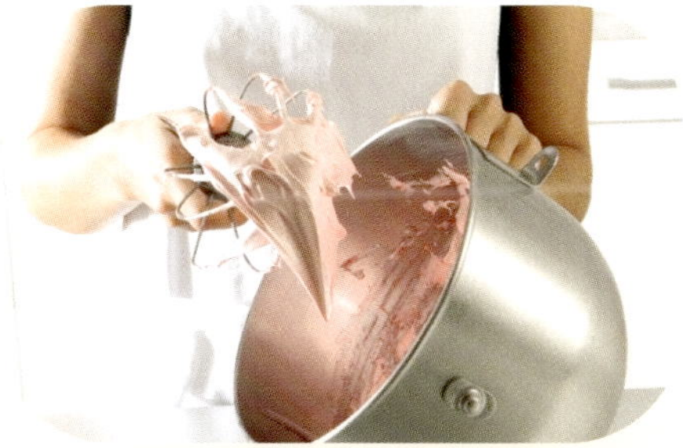

AJOUTER le colorant

Ajouter ensuite le colorant et fouetter jusqu'à obtention d'une couleur homogène. Ajouter la poudre aux blancs d'œufs montés en neige et les lier délicatement avec une spatule jusqu'à obtention d'un ruban lisse et brillant.
Déposer une feuille de papier sulfurisé sur une plaque.
Former des dômes d'une taille d'environ 3 cm en les espaçant d'au moins 2 cm. Laisser reposer les dômes formés 3 heures au minimum.

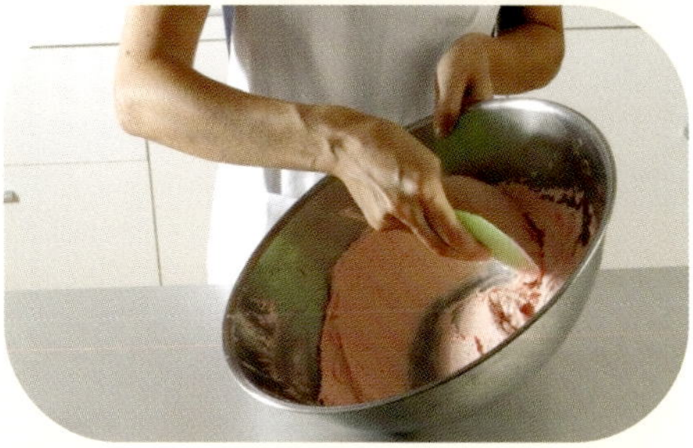

ÉPLUCHER et HACHER les oignons

Éplucher et hacher finement les oignons. Les faire revenir dans une poêle chauffée avec l'huile d'olive.

REMUER

Remuer régulièrement afin que les oignons jaunissent sans brunir.

AJOUTER la garniture

Après 5 minutes de cuisson environ, ajouter le cognac, la grenadine, les raisins secs, un verre d'eau, du sel et du poivre.

Mélanger régulièrement jusqu'à réduction complète du jus. Réserver au frais.

CUIRE les macarons

Enfourner la plaque de coques pour 13 minutes à 150 °C (th. 5) au-dessus de deux autres plaques vides. Laisser refroidir les coques quelques minutes à la sortie du four puis les décoller de la plaque.

DÉPOSER une noix de confiture

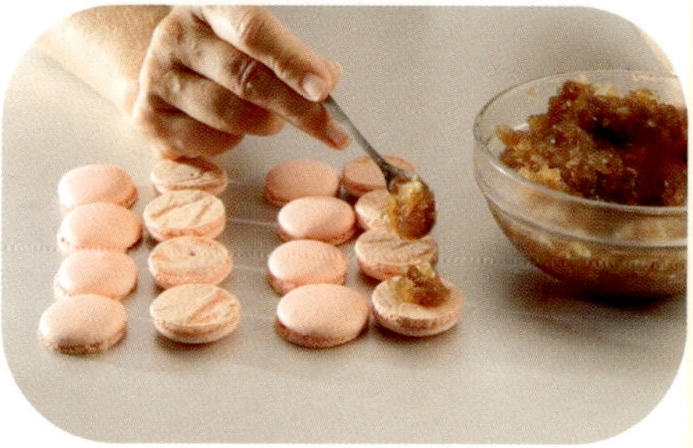

Déposer une noix de confiture d'oignons sur la moitié des coques puis refermer les macarons avec les autres coques en pressant délicatement jusqu'à ce que la confiture se répartisse sur l'ensemble des coques.

DÉCORER les macarons

On peut, pour obtenir des macarons de fête, les décorer de copeaux de foie gras.

Macaron
confiture d'oignons grenadine

Macaron
coriandre citron

Réalisation

Difficile et Raisonnable

- Préparation : 25 minutes
- Cuisson : 15 minutes
- Repos : 3 heures

Ingrédients

• 3 blancs d'œufs • 130 g de poudre d'amande • 150 g de sucre glace • 70 g de sucre en poudre • 5 gouttes de colorant jaune • 2 jaunes d'œufs • 3 citrons non traités • 40 g de fécule de maïs • 25 g de beurre • 1/2 bouquet de coriandre fraîche.

Matériel

• 1 mixeur • 1 passoire fine • 1 fouet • 1 spatule • Papier sulfurisé • 3 plaques de cuisson • 1 casserole • 2 culs-de-poule • 1 cuillère en bois • 1 poche munie de douilles • 1 couteau • 1 petite cuilllère.

Étapes clés

1. Préparer les macarons
2. Mélanger les œufs et le sucre
3. Préparer la crème au citron
4. Décorer les coques
5. Décoller les macarons
6. Garnir de crème
7. Presser

PRÉPARER les macarons

La veille, réserver les blancs d'œufs au réfrigérateur.
Le jour même, sortir les blancs d'œufs du réfrigérateur 1 heure au minimum avant la préparation.
Mixer la poudre d'amande avec le sucre glace. Tamiser la poudre obtenue à l'aide d'une passoire fine.
Fouetter les blancs en neige puis, lorsqu'ils commencent à prendre consistance, incorporer progressivement 30 g de sucre en poudre tout en continuant à fouetter. Monter les blancs en neige jusqu'à formation de « becs d'oiseau ».
Ajouter ensuite le colorant et fouetter jusqu'à obtention d'une couleur homogène. Ajouter la poudre aux blancs d'œufs montés en neige et les lier délicatement avec une spatule jusqu'à obtention d'un ruban lisse et brillant.
Déposer une feuille de papier sulfurisé sur une plaque.
Former des dômes d'une taille d'environ 3 cm en les espaçant d'au moins 2 cm. Laisser reposer les dômes formés 3 heures au minimum.

MÉLANGER les œufs et le sucre

Mélanger dans un bol les jaunes d'œufs avec le reste de sucre en poudre. Râper le zeste de 1/2 citron.

PRÉPARER la crème au citron

Faire bouillir dans une petite casserole 15 cl d'eau, la fécule de maïs et le zeste de citron, ajouter le beurre et laisser fondre. Ajouter le jus des citrons hors du feu, puis les jaunes d'œufs sucrés, bien mélanger. Laisser refroidir.

DÉCORER les coques

Hacher grossièrement les feuilles de coriandre et les répartir au-dessus des coques.
Enfourner la plaque de coques pour 13 minutes à 150 °C (th. 5) au-dessus de deux autres plaques vides.

DÉCOLLER les macarons

Laisser refroidir les coques quelques minutes à la sortie du four puis les décoller de la plaque.

GARNIR de crème

Déposer une noix de crème au citron sur la moitié des coques puis refermer les macarons avec les autres coques.

PRESSER

Presser délicatement jusqu'à ce que la ganache se répartisse sur l'ensemble des coques.

Macaron fraise balsamique

Réalisation

Difficile et Raisonnable
- Préparation : 25 minutes
- Cuisson : 33 minutes
- Repos : 3 heures

Ingrédients

• 3 blancs d'œufs • 30 g de poudre d'amande • 150 g de sucre glace • 30 g de sucre en poudre • 8 gouttes de colorant rouge • 300 g de fraises • 3 cuil. à soupe de vinaigre balsamique • 30 g de cassonade • 2 g d'agar-agar.

Matériel

• 1 mixeur • 1 passoire fine • 1 fouet • 1 spatule • Papier sulfurisé • 3 plaques de cuisson • 1 casserole • 2 culs-de-poule • 1 cuillère en bois • 1 poche munie de douilles • 1 couteau • 1 petite cuillère.

Étapes clés

1. Préparer les macarons
2. Équeuter les fraises
3. Réduire vinaigre et cassonade
4. Ajouter l'agar-agar
5. Déposer la confiture
6. Décorer les macarons

PRÉPARER les macarons

La veille, réserver les blancs d'œufs au réfrigérateur.
Le jour même, sortir les blancs d'œufs du réfrigérateur 1 heure au minimum avant la préparation.
Mixer la poudre d'amande avec le sucre glace. Tamiser la poudre obtenue à l'aide d'une passoire fine.
Fouetter les blancs en neige puis, lorsqu'ils commencent à prendre consistance, incorporer progressivement le sucre en poudre tout en continuant à fouetter. Monter les blancs en neige jusqu'à formation de « becs d'oiseau ».
Ajouter ensuite le colorant et fouetter jusqu'à obtention d'une couleur homogène. Ajouter la poudre aux blancs d'œufs montés en neige et les lier délicatement avec une spatule jusqu'à obtention d'un ruban lisse et brillant.
Déposer une feuille de papier sulfurisé sur une plaque.
Former des dômes d'une taille d'environ 3 cm en les espaçant d'au moins 2 cm. Laisser reposer les dômes formés 3 heures au minimum.

ÉQUEUTER les fraises

Équeuter et tailler les fraises en dés (en conserver quelques-une entières pour la décoration).

RÉDUIRE vinaigre et cassonade

Porter à frémir dans une petite casserole le vinaigre balsamique avec les fraises et la cassonade. Laisser réduire 20 minutes à feu très doux.

AJOUTER l'agar-agar

Ajouter l'agar-agar, bien remuer, ôter du feu et laisser refroidir.
Enfourner la plaque de coques pour 13 minutes à 150 °C (th. 5) au-dessus de deux autres plaques vides. Laisser refroidir les coques puis les décoller de la plaque.

DÉPOSER la confiture

Déposer 1 cuillerée de confiture sur la moitié des coques puis refermer les macarons avec les autres coques en pressant délicatement jusqu'à ce que la confiture se répartisse sur l'ensemble des coques.

DÉCORER les macarons

Découper de fines tranches de fraises. Les déposer, après les avoir passées dans du sucre en poudre.

Macaron
fraise balsamique

Macaron noir piment

Réalisation

Difficile et Raisonnable
- Préparation : 20 minutes
- Cuisson : 16 minutes
- Repos : 3 heures

Ingrédients

• 3 blancs d'œufs • 30 g de poudre d'amande • 150 g de sucre glace • 25 g de cacao amer • 30 g de sucre en poudre • 10 gouttes de colorant noir (en poudre de préférence) • 150 g de crème fraîche liquide • Deux pincées de piment d'Espelette • 150 g de chocolat noir pâtissier.

Matériel

• 1 mixeur • 1 passoire fine • 1 fouet • 1 spatule • Papier sulfurisé • 3 plaques de cuisson • 1 casserole • 2 culs-de-poule • 1 cuillère en bois • 1 poche munie de douilles.

Étapes clés

1. Préparer les macarons
2. Réaliser la ganache
3. Déposer la ganache

PRÉPARER les macarons

La veille, réserver les blancs d'œufs au réfrigérateur.
Le jour même, sortir les blancs d'œufs du réfrigérateur 1 heure au minimum avant la préparation.
Mixer la poudre d'amande avec le sucre glace et le cacao. Tamiser la poudre obtenue à l'aide d'une passoire fine. Fouetter les blancs en neige puis, lorsqu'ils commencent à prendre consistance, incorporer progressivement le sucre en poudre tout en continuant à fouetter. Monter les blancs en neige jusqu'à formation de « becs d'oiseau ». Ajouter ensuite le colorant et fouetter jusqu'à obtention d'une couleur homogène. Ajouter la poudre aux blancs d'œufs montés en neige et les lier délicatement avec une spatule jusqu'à obtention d'un ruban lisse et brillant.
Dresser et cuire les macarons (p. 11). Les décoller.

RÉALISER la ganache

Porter à frémir dans une petite casserole la crème fraîche liquide avec deux pincées de piment d'Espelette, y incorporer le chocolat noir et faire fondre le mélange hors du feu. Laisser refroidir.

DÉPOSER la ganache

Déposer une noix de ganache au chocolat sur la moitié des coques puis refermer les macarons avec les autres coques en pressant délicatement jusqu'à ce que la ganache se répartisse sur l'ensemble des coques.

Macaron rillettes de thon-tomates confites

Réalisation

Difficile et Raisonnable

- Préparation : 20 minutes
- Cuisson : 13 minutes
- Repos : 3 heures

Ingrédients

• 3 blancs d'œufs • 130 g de poudre d'amande • 150 g de sucre glace • 30 g de sucre en poudre • Graines de lin • 4 tomates confites • 300 g de thon en conserve au naturel • 200 g de fromage frais peu salé • 1 citron • Sel, poivre.

Matériel

• 1 mixeur • 1 passoire fine • 1 fouet • 1 spatule • Papier sulfurisé • 3 plaques de cuisson • 1 casserole • 2 culs-de-poule • 1 cuillère en bois • 1 poche munie de douilles • 1 couteau.

Étapes clés

1. Préparer les macarons
2. Préparer les rillettes
3. Garnir les coques

Conseil déco

• Décorer avec des graines de lin.On les met sur les macarons avant de les passer au four.

Macaron
rillettes de thon-tomates confites

PRÉPARER les macarons

La veille, réserver les blancs d'œufs au réfrigérateur.
Le jour même, sortir les blancs d'œufs du réfrigérateur 1 heure au minimum avant la préparation. Mixer la poudre d'amande avec le sucre glace. Tamiser la poudre obtenue à l'aide d'une passoire fine. Fouetter les blancs en neige puis, lorsqu'ils commencent à prendre consistance, incorporer progressivement le sucre en poudre tout en continuant à fouetter. Monter les blancs en neige jusqu'à formation de « becs d'oiseau ». Ajouter la poudre aux blancs d'œufs montés en neige et les lier délicatement avec une spatule jusqu'à obtention d'un ruban lisse et brillant.
Déposer une feuille de papier sulfurisé sur une plaque. Former des dômes d'une taille d'environ 3 cm en les espaçant d'au moins 2 cm. Décorer avec des graines de lin. Laisser reposer les dômes formés 3 heures au minimum. Enfourner la plaque de coques pour 13 minutes à 150 °C (th. 5) au-dessus de deux autres plaques vides. Laisser refroidir les coques quelques minutes à la sortie du four puis les décoller de la plaque.

PRÉPARER les rillettes

Hacher les tomates confites.
Mixer le thon avec le fromage frais et le jus du citron. Assaisonner en sel et en poivre. Y ajouter le hachis de tomates confites.

GARNIR les coques

Garnir la moitié des coques avec les rillettes de thon puis refermer les macarons avec les autres coques en pressant délicatement.

Macaron tapenade

Réalisation

Difficile et Raisonnable

- Préparation : 20 minutes
- Cuisson : 14 minutes
- Repos : 3 heures

Ingrédients

- 3 blancs d'œufs
- 130 g de poudre d'amande
- 150 g de sucre glace
- 30 g de sucre en poudre
- 8 gouttes de colorant noir ou vert
- 300 g d'olives
- 5 tomates séchées
- 50 g d'amandes effilées
- Huile d'olive.

Matériel

• 1 mixeur • 1 passoire fine • 1 fouet • 1 spatule • Papier sulfurisé • 3 plaques de cuisson • 1 casserole • 2 culs-de-poule • 1 cuillère en bois • 1 poche munie de douilles • 1 couteau.

Étapes clés

1. Préparer les macarons
2. Ajouter le colorant
3. Former des dômes
4. Décoller les coques
5. Préparer la purée
6. Monter la purée
7. Garnir avec la tapenade

Conseils pratiques

• Si le mélange sucré-salé est ici très prononcé, la saveur des olives et des amandes s'harmonise au palais avec subtilité.

PRÉPARER les macarons

La veille, réserver les blancs d'œufs au réfrigérateur.
Le jour même, sortir les blancs d'œufs du réfrigérateur 1 heure au minimum avant la préparation.
Mixer la poudre d'amande avec le sucre glace. Tamiser la poudre obtenue à l'aide d'une passoire fine.
Fouetter les blancs en neige puis, lorsqu'ils commencent à prendre consistance, incorporer progressivement le sucre en poudre tout en continuant à fouetter. Monter les blancs en neige jusqu'à formation de « becs d'oiseau ».

AJOUTER le colorant

Ajouter ensuite le colorant et fouetter jusqu'à obtention d'une couleur homogène. Ajouter la poudre aux blancs d'œufs montés en neige et les lier délicatement avec une spatule jusqu'à obtention d'un ruban lisse et brillant.
Déposer une feuille de papier sulfurisé sur une plaque.

FORMER des dômes

Former des dômes d'une taille d'environ 3 cm en les espaçant d'au moins 2 cm.
Laisser reposer les dômes formés 3 heures au minimum.
Enfourner la plaque de coques pour 14 minutes à 150 °C (th. 5) au-dessus de deux autres plaques vides.

DÉCOLLER les coques

Laisser refroidir les coques quelques minutes à la sortie du four puis les décoller de la plaque.

PRÉPARER la purée

Dénoyauter les olives. Mixer ensemble les olives, les tomates séchées et les amandes préalablement concassées.

MONTER la purée

Monter progressivement la purée obtenue avec de l'huile d'olive jusqu'à obtenir une pâte homogène et brillante.

GARNIR avec la tapenade

Déposer une noix de tapenade sur la moitié des coques puis refermer les macarons avec les autres coques en pressant délicatement jusqu'à ce que la tapenade se répartisse sur l'ensemble des coques.

Macaron
tapenade

Mousse
au zeste de citron

Réalisation

Facile et Raisonnable
- Préparation : 15 minutes
- Cuisson : 3 minutes

Ingrédients

- 3 citrons non traités
- 3 œufs
- 80 g de sucre en poudre
- 150 g de mascarpone
- 1 pamplemousse rose.

Matériel

• 1 mixeur • 1 passoire fine • 1 fouet • 1 spatule • Papier sulfurisé • 3 plaques de cuisson • 1 casserole • 2 culs-de-poule • 1 cuillère en bois • 1 poche munie de douilles • 1 couteau • 2 saladiers.

Étapes clés

1. Préparer le zeste de citron
2. Blanchir les jaunes d'œufs
3. Incorporer le mascarpone
4. Ajouter le zeste
5. Monter et incorporer les blancs
6. Éplucher le pamplemousse
7. Détacher les segments
8. Dresser les mousses

Conseil pratique

Cette délicieuse mousse acidulée peut être servie en accompagnement des macarons à la framboise (p. 18), à la coriandre citron (p. 48), à la fraise balsamique (p. 52).

PRÉPARER le zeste de citron

Récupérer le zeste de 1 citron en prenant soin de ne pas récupérer la membrane blanche du citron. Émincer le zeste en fins bâtonnets et le mettre à blanchir 3 minutes dans une casserole d'eau bouillante. Égoutter et réserver.

BLANCHIR les jaunes d'œufs

Séparer les blancs des jaunes d'œufs.
Fouetter dans un saladier les jaunes d'œufs avec le sucre en poudre jusqu'à ce que le mélange blanchisse.

INCORPORER le mascarpone

Incorporer le mascarpone dans la préparation et fouetter à nouveau.

AJOUTER le zeste

Ajouter le jus des 3 citrons et mélanger le tout. Ajouter la moitié du zeste des citrons et mélanger à nouveau.

MONTER et INCORPORER les blancs

Monter les blancs en neige bien ferme et les incorporer délicatement à la préparation précédente.

ÉPLUCHER le pamplemousse

Éplucher le pamplemousse rose afin qu'il ait la chair à vif.

DÉTACHER les segments

En détacher les segments de pulpe à l'aide d'un petit couteau.

DRESSER les mousses

Déposer quelques morceaux de pulpe de pamplemousse au fond des ramequins, répartir la mousse sur le dessus, ajouter les zestes de citron restants sur le dessus et réserver au frais jusqu'au moment de servir.

Table des matières

Dépôt légal 1er trim. 2012 n° 3 852
Imprimé en U.E.